まちごとチャイナ

Jiangsu 011 Around Nanjing

雨花台と南京郊外・開発区
長江ほとり広がる「田園都市」

Asia City Guide Production

【白地図】南京

CHINA
江蘇省

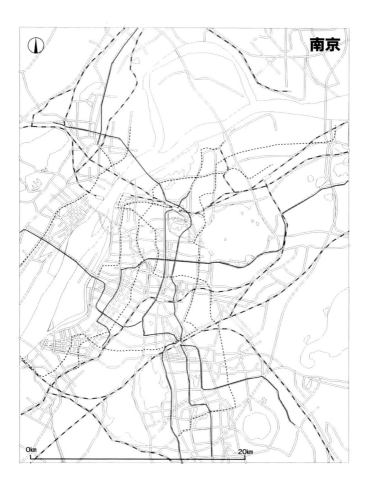

南京

Around Nanjing

白地図

【白地図】雨花台

CHINA
江蘇省

雨花台

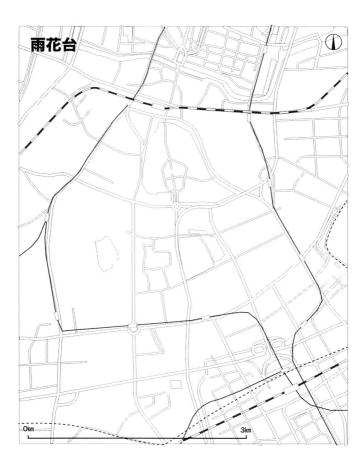

Around Nanjing

白地図

【白地図】建鄴

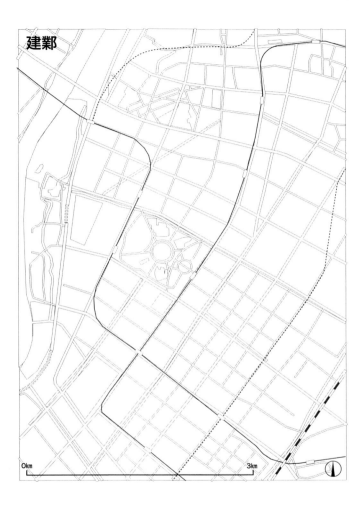

【白地図】市街西部

CHINA
江蘇省

市街西部

白地図

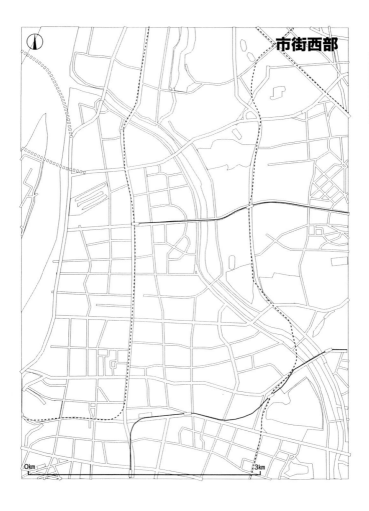

【白地図】浦口

CHINA
江蘇省

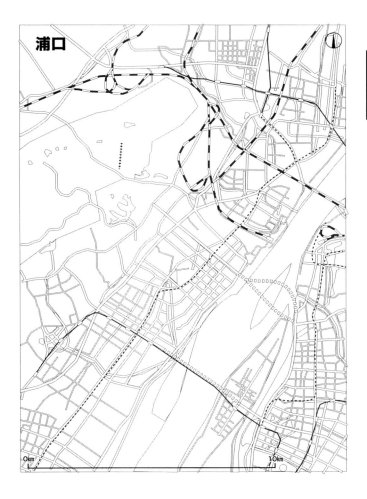

浦口

【白地図】北郊外

CHINA
江蘇省

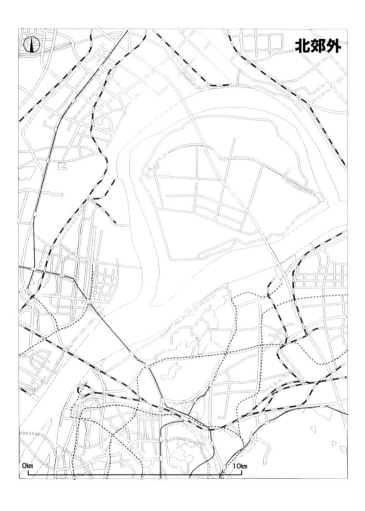

北郊外

Around Nanjing

白地図

【白地図】東郊外

CHINA
江蘇省

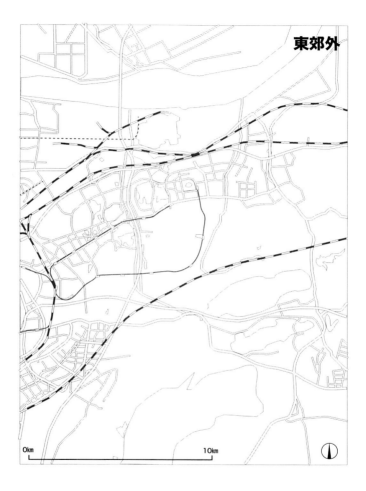

【白地図】棲霞寺

CHINA
江蘇省

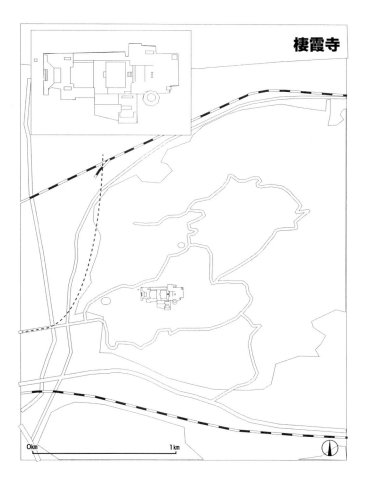

【白地図】南郊外

CHINA
江蘇省

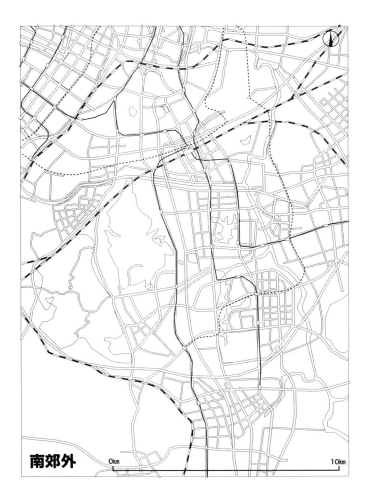

南郊外

Around Nanjing 白地図

【白地図】南京郊外

CHINA
江蘇省

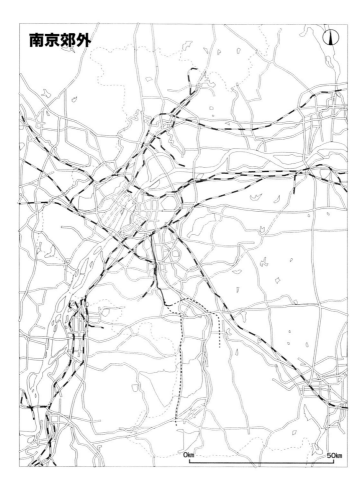

南京郊外 / Around Nanjing / 白地図

CHINA
江蘇省

【まちごとチャイナ】

江蘇省 001 はじめての江蘇省

江蘇省 002 はじめての蘇州

江蘇省 003 蘇州旧城

江蘇省 004 蘇州郊外と開発区

江蘇省 005 無錫

江蘇省 006 揚州

江蘇省 007 鎮江

江蘇省 008 はじめての南京

江蘇省 009 南京旧城

江蘇省 010 南京紫金山と下関

江蘇省 011 雨花台と南京郊外・開発区

江蘇省 012 徐州

雨花台や紫金山、牛首山、棲霞山といった豊かな緑地におおわれ、花園都市にもたとえられる南京。3～6世紀、六朝貴族や官吏は南京郊外の山水に親しみ、晩唐の杜牧は『江南春』で「南朝四百八十寺、多少の楼台烟雨の中」と南京の自然や仏教寺院を詠んでいる。

市井から離れて修行に励む仏僧のための寺院、南京郊外の地形を利用して築かれた皇帝の陵墓群。南京市街はたび重なる戦乱の被害を受けたことから、南朝以来の伝統は、郊外の棲霞寺や陵墓の石獣などでわずかに残っている。

Around Nanjing 南京郊外
南京郊区 nán jīng jiāo qū

　こうした田園風景を残す南京郊外には、20世紀末からの経済発展を受けて、次々と開発区がおかれるようになった。高速鉄道が上海と南京南駅のあいだを往来し、長江にかかるいくつもの橋、長江の底をつらぬくトンネルや地下鉄など、南京郊外の都市化も進んでいる。

【まちごとチャイナ】

江蘇省 011 雨花台と南京郊外・開発区

目次

雨花台と南京郊外・開発区……………………………………xxii

山水彩る江蘇省省都……………………………………xxviii

雨花台城市案内……………………………………xxxiii

建鄴城市案内……………………………………xliii

市街西部城市案内……………………………………xlix

浦口城市案内……………………………………lxiii

北郊外城市案内……………………………………lxix

東郊外城市案内……………………………………lxxx

南郊外城市案内……………………………………xcvii

南京郊外城市案内……………………………………cxi

咲き誇った南朝文化……………………………………cxix

【MEMO】

【地図】南京

【地図】南京の [★★☆]
- ☐ 雨花台 雨花台ユウフゥアタイ
- ☐ 南京大虐殺殉難同胞紀念館 侵华日军南京大屠杀遇难同胞纪念馆 チンフゥアリイジュンナンジンダアトゥウシャアユウナントンバオジイニィエングゥアン
- ☐ 棲霞寺 栖霞寺チイシィアスー

【地図】南京の [★☆☆]
- ☐ 建鄴区 建邺区ジィアンイェチュウ
- ☐ 南京奥林匹克体育中心 南京奥林匹克体育中心 ナンジンアオリンピイカァテイユウチョォンシン
- ☐ 浦口 浦口プウコウ
- ☐ 南京経済技術開発区 南京经济技术开发区 ナンジンジンジイジイシュウカァイファアチュウ
- ☐ 幕府山 幕府山ムウフウシャン
- ☐ 八卦洲 八卦洲バアグゥアチョウ
- ☐ 甘家巷 甘家巷ガンジィアシィアン
- ☐ 初寧陵石刻 初宁陵石刻チュウニンリンシイカァ
- ☐ 牛首山 牛首山ニュウショウシャン
- ☐ 南京江寧開発区 南京江宁开发区 ナンジンジィアンニンカァイファアチュウ

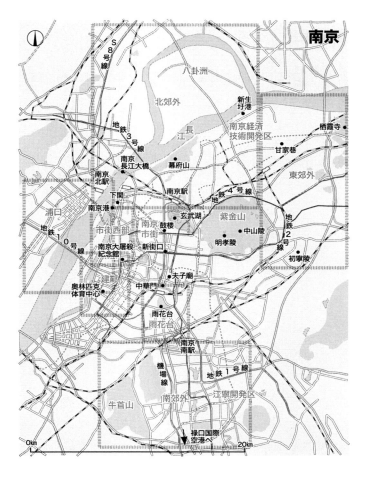

山水彩る江蘇省省都

CHINA
江蘇省

江蘇省省都の南京は
中国でも有数の自然にめぐまれた都市
郊外には開発区がならび立つ

南京郊外の構成

明代の14世紀、朱元璋によってつくられた南京旧城の外側が南京郊外にあたる。大きな弧を描きながら長江が流れ、豊かな自然に彩られた紫金山、玄武湖、雨花台、牛首山などの景勝地が点在する。一方、江蘇省の省都であることから、交通、商工業、レジャーなどのインフラ整備も進んでいる。市街南部には上海と南京を結ぶ高速鉄道の南京南駅、西側にはスタジアムや展覧場といった大型施設の立つ建鄴区、北側には新生圩港（南京新港）が位置し、また長江をはさんだ浦口とのあいだに1968年、南京長江大橋がかけられたのち、現在で

Around Nanjing　山水彩る江蘇省省都

は第二、第三大橋にくわえ、地下トンネルでも結ばれている。

山水に彩られた田園都市

4世紀、異民族に華北を占領された漢民族は、南遷して南京の地で王朝を開いた。荒涼とした華北の地と違って、南京では美しい河川、緑豊かな丘陵が都市に隣接し、この山水が書画や芸術にとり入られて六朝貴族文化が花開いた（六朝は3〜6世紀、南京に都をおいた三国呉・東晋・宋・斉・梁・陳のこと）。この時代、朝廷から離れ、自然のなかで酒を飲み、清談を楽しむ竹林七賢の生きかたが共感され、王羲之や謝安、

CHINA
江蘇省

顧愷之などの文人が登場している。六朝貴族は南京に隣接する雨花台、幕府山、紫金山に遊び、そこからさらに西の廬山、東の会稽に理想郷を求めて、隠遁生活を行なった。

最先端が生まれる開発区

中国では、1978年、鄧小平の主導のもと、計画経済から西欧諸国の制度や資本をとり入れる改革開放がはじまった。当初、沿岸部の都市を中心に国、省、市、県など各行政単位による開発区が設置され、規制緩和と税制優遇を行なうことで、外資系企業を呼び込んだ。現在、工業や産業の集積のほか、

Around Nanjing 山水彩る江蘇省省都

▲左　南京で起こった悲劇を伝える博物館。　▲右　風光明媚な丘陵に伽藍が展開する

環境やエネルギーといった新技術の研究開発、住環境や教育にも重点がおかれ、既存の都市に隣接する「(開発区という名の)新たな都市を建設する」といった性格をもつようになっている。南京には、浦口にある南京海峡両岸科技工業園、南京南駅に隣接する江寧開発区、ハイテク技術をあつかう南京高新技術産業開発区、新生圩港(南京新港)を抱える南京経済技術開発区などの開発区が位置する。

【MEMO】

Guide,
Yu Hua Tai
雨花台
城市案内

南京旧城の正門にあたる
中華門の外に広がる雨花台
古くから南京を代表する景勝地だった

雨花台 雨花台 yǔ huā tái ユウフゥアタイ ［★★☆］
南京市街の南にそびえ、小高い３つの丘からなる雨花台。紀元前472年、越の范蠡が城砦を築くなど南京有数の歴史をもつ場所で、聚宝山、石子崗、梅崗、瑪瑙崗などと呼ばれてきた。雨花台という名前は、南朝梁の507年、ここで行なわれた雲光法師の読経に対して、「天が花を雨のように降らせた」ことに由来する。また南京に首都のあった明初（14世紀）、南京城壁に使う磚（焼成レンガ）を焼く官製の窯がおかれていた。南京旧城をのぞむような立地をもつため、南京攻略にあたって、太平天国軍や日本軍がここを南京攻略の拠点とし

【地図】雨花台

【地図】雨花台の [★★☆]
- [ ] 雨花台 雨花台ユウフゥアタイ

【地図】雨花台の [★☆☆]
- [ ] 方孝孺墓 方孝孺墓ファンシィアオルゥムウ
- [ ] 雨花台烈士陵園 雨花台烈士陵园 ユウフゥアタイリィエシイリンユゥエン
- [ ] 花神廟 花神庙フゥアシェンミャオ
- [ ] 渀泥国王墓 渀泥国王墓ボオニイグゥオワァンムウ

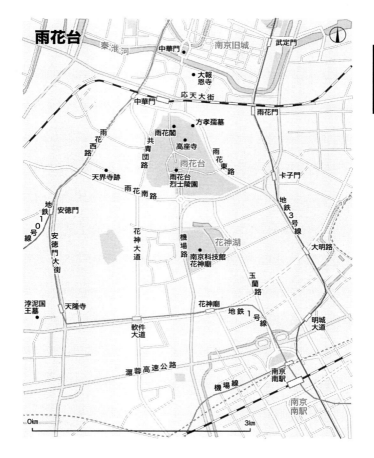

CHINA
江蘇省

たことも知られる(光宅寺、蕭帝寺、高座寺、長干寺といった仏教寺院、南京第一の賢者呉泰伯をまつる先賢祠があったものの、19世紀の太平天国の乱でほとんどが焼失した)。「花の雨を降らせた」読経にちなむ雨花閣が立つほか、雨花台烈士紀念館、高座寺、江南第二泉、方孝孺墓などが点在する。

雨花台の名物

長江がこの地に運んできた美しい5色の雨花石。雨花石は水に流れで摩滅し、丸くなった石英や瑪瑙の小石で、雨花台はその産地となっている。また1958年以来、雨花台で茶の栽

▲左　最後まで永楽帝に抵抗した文人の方孝孺。　▲右　天が花の雨を降らせた場所に立つ雨花閣

培が進み、松の葉のように尖ったかたちの雨花茶も知られる（「江南第二泉」とたたえられる雨花台の水で茶を飲む）。

方孝孺墓 方孝孺墓
fāng xiào rú mù ファンシィアオルウムウ ［★☆☆］

方孝孺は朱元璋に続く明第2代建文帝に仕えた儒学者。1399年、靖難の変で反旗をひるがえし、南京を攻撃した北京の燕王（のちの第3代永楽帝）に対して、方孝孺は「二君に仕えず」「燕賊簒位」と批判した。1402年、方孝孺は一族ともども処刑され、第3代皇帝となった永楽帝は北京へ遷都して、以後、

CHINA
江蘇省

北京が明の都となった（朱元璋は自身の一族を辺境地帯に封じ、建文帝の叔父にあたった永楽帝は北方最前線の北京をまかされた実力者だった）。またこの靖難の変で成果をあげた鄭和は、永楽帝の信任を受け、のちに南海遠征を行なっている。

雨花台烈士陵園 雨花台烈士陵园 **yǔ huā tái liè shì líng yuán ユウフゥアタイリィエシイリンユゥエン** [★☆☆]
1949年の中華人民共和国成立の過程で生命を失った人々をまつる雨花台烈士陵園。この雨花台には1927〜49年のあい

▲左　中国でも最大規模の雨花台烈士陵園。　▲右　明初期の功臣や官吏たちの墓も多い

だ南京国民政府の刑場がおかれ、多くの共産党員が処刑された（また1937年、日本軍による南京攻略戦ではこの地で激戦が交わされている）。中華人民共和国成立後、中国でも最大規模の烈士陵園となり、紀念館を併設する。

花神廟 花神庙 huā shén miào フゥアシェンミャオ［★☆☆］
雨花台の南、明代に創建されたという花神廟。鄭和は南海遠征からもち帰った花や植物を、雨花台南のこのあたりに植えたと伝えられる。花神（女夷）とは、春夏の花や草木の成長をつかさどる神様で、近くには花神湖も位置する。

CHINA
江蘇省

「明代の名刹」天界寺

明初の 1368 年、仏教徒を管理したり、留学僧の対応にあたる目的で、善世院が整備された。当初、この善世院は大龍翔集慶寺にあり、集慶寺が火災で消失したことから、天界寺として中華門外 2 km の地で再建された。明代(1368 〜 1644 年)、天界寺は霊谷寺、報恩寺とともに三大仏教寺院とされ、これらの寺院はいずれも旧城外に位置し、自然と一体となった伽藍が見られた。

浡泥国王墓 浡泥国王墓
bó ní guó wáng mù ボオニイグゥオワァンムウ ［★☆☆］

浡泥国は現在のブルネイにあった国。北宋の977年以来の中国の朝貢体制に入り、明朝が樹立されると、1371年に首都南京に使節を送るなど友好関係は続いてた（長江を通じて南海にいたる南京では、三国呉の時代から南海諸国との関係があった）。1408年、浡泥国の麻那惹加那王は南京を訪れ、この地で亡くなった。永楽帝はこの王を南京郊外で手厚く葬り、以後、浡泥国王墓として整備されることになった。

Guide, Jian Ye
建鄴
城市案内

南京旧城の西城外に隣接する建鄴区
21世紀に入ってから急速に発展した新市街で
高層ビルや現代建築がならぶ

建鄴区 建邺区 jiàn yè qū ジィアンイェチュウ ［★☆☆］
秦淮河の西側、長江沿いに広がる南京新市街の建鄴区。21世紀に入ってから急速に開発が進み、河西新城（河西CBD）、南京新城科技園、南京奥林匹克体育中心が位置する。金奥大廈、芸蘭斎美術館、金陵図書館といった現代建築も立ちならび、建鄴区は最先端の工業、緑豊かな住環境、レクリエーションが一体となった都市の性格をもつ。建鄴という名前は、229年、三国呉の孫権がこの地においた南京の古名に由来する。

【地図】建鄴の [★☆☆]
- [ ] 建鄴区 建邺区 ジィアンイェチュウ
- [ ] 南京奥林匹克体育中心 南京奥林匹克体育中心 ナンジンアオリンピイカァテイユウチォンシン
- [ ] 南京国際展覧中心 南京国际展览中心 ナンジングゥオジイチャンラァンチョンシン

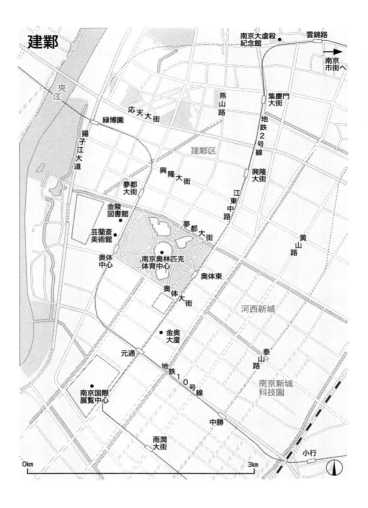

CHINA
江蘇省

南京奥林匹克体育中心 南京奥林匹克体育中心
nán jīng ào lín pǐ kè tǐ yù zhōng xīn
ナンジンアオリンピイカァテイユウチョォンシン ［★☆☆］

南京奥林匹克体育中心は建鄴区の中心に立つ複合スポーツ施設。6.2万人を収容するスタジアム、水泳場（游泳館）、蓮の花びらのようなテニスセンターなどからなる。スタジアムの屋根には、鮮烈な真紅（金陵紅）のアーチがかかる。

▲左　元通前でおしゃべるする人たち。　▲右　次々に現代建築が立つ建鄴区

南京国際展覧中心 南京国际展览中心
nán jīng guó jì zhǎn lǎn zhōng xīn
ナンジングゥオジイチャンラァンチョンシン ［★☆☆］

総面積8万平方メートルの敷地をもつ南京国際展覧中心（Nanjing International Expo Centre）。巨大な複数の建物から構成され、アパレルやモーターショーなどの展示会が開かれる。

【MEMO】

CHINA
江蘇省

Guide,
Cheng Shi Xi Fang
市街西部
城市案内

秦淮河の西はかつて南京旧城外だった
江東門に立つ南京大虐殺殉難同胞紀念館や
明代、鄭和のドックがあった宝船遺址公園が残る

莫愁湖 莫愁湖 mò chóu hú **モオチョウフウ** ［★☆☆］
莫愁湖は南京市街西部に広がる景勝地で、六朝時代（3〜6世紀）は長江岸辺にあたった。莫愁湖という名前は、南斉時代、洛陽から南京の商人のもとへ嫁いできた盧莫愁という娘にちなむ（斉に続く梁の武帝は「河中の水は東に向かって流る／洛陽の女児、名は莫愁」と詠んでいる）。明代、中山王徐達の花園がおかれ、現在は湖を中心に莫愁女の像や亭が立っている。

【地図】市街西部

【地図】市街西部の [★★☆]
- 南京大虐殺殉難同胞紀念館
  侵华日军南京大屠杀遇难同胞纪念馆
  チンフゥアリイジュンナンジンダアトゥウシャユウナントンバオジイニィエングゥアン

【地図】市街西部の [★☆☆]
- 莫愁湖 莫愁湖モオチョウフウ
- 南京雲錦博物館 南京云锦博物馆
  ナンジンユンジンボオウグゥアン
- 宝船遺址公園 宝船遗址公园
  バオチュアンイイチイゴンユュエン
- 渡江勝利記念館 渡江胜利纪念馆
  ドゥウジィアンシェンリイジイニィエングゥアン

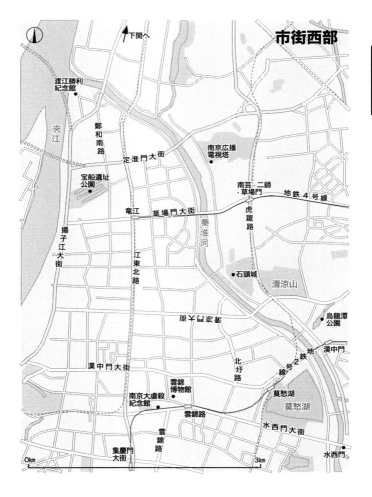

CHINA
江蘇省

南京大虐殺殉難同胞紀念館 侵华日军南京大屠杀遇难同胞纪念馆
qīn huá rì jūn nán jīng dà tú shā yù nàn tóng bāo jì niàn guǎn
チンフゥアリイジュンナンジンダアトゥウシャアユウナン
トンバオジイニィエングゥアン ［★★☆］

日中戦争さなかの1937年、当時、中国の首都だった南京を陥落させた日本軍によって起こった南京事件（南京大虐殺）。統制と自制力を失った日本軍は中国人への暴行、殺害、略奪を行ない、この事件は南京にいた外国人によって世界中に知らされることになった。南京大虐殺殉難同胞紀念館では、このとき起こったとされる写真や展示、彫刻などが見られる。なおその犠牲者数をめぐって、日中間に見解の相違があり、

▲左　南京大虐殺殉難同胞紀念館。　▲右　博物館前には彫刻がならぶ

南京大虐殺殉難同胞紀念館には中国側の主張する30万人という文字が刻まれている(犠牲者数に関しては、1〜2万人説、4万人説、20万人以上説、30万人説のほか、なかったというものもある)。この南京事件(南京大虐殺)に関する日本政府の見解は「非戦闘員の殺害や略奪行為等があったことは否定できない」「被害者の具体的な人数については諸説あり、政府としてどれが正しい数かを認定することは困難」「アジア諸国の人々に対して多大の損害と苦痛を与えたことを率直に認識し、痛切な反省と心からのお詫びの気持ちを常に心に刻みつつ、戦争を二度と繰り返さず、平和国家としての道を

CHINA
江蘇省

歩んでいく決意」(外務省 web より引用)となっている。この南京事件は南京大虐殺のほか、中国で南京大屠殺、欧米でナンキン・アトロシティーズと呼ばれている。

南京攻略と戦争の長期化

1937年の盧溝橋事件を受けて日中戦争がはじまり、租界のある上海にも飛び火した。杭州湾に上陸した日本軍は、中華民国の首都がおかれていた南京へ向かって進軍を開始。太湖の北側と南側を通るルートで、南京を目指し、各部隊は「南京一番乗り」を目指した。当時の日本には、首都南京を落と

Around Nanjing

市街西部城市案内

せば戦争は終わるだろうという空気があり、南京陥落の報を受けて群衆は提灯行列に繰り出し、国会議事堂にイルミネーションがつけられ、「祝南京陥落」のアドバルーンがあがるなど、祝賀ムードとなった（またこのとき日本の新聞が報じた「国民感情をあおる内容」の記事、陥落前に「南京城内に日章旗がひるがえった」と報じた記事などはのちに問題視されることになった）。日本の南京攻略に対して、蒋介石は長江上流の重慶へ遷都し、持久戦を展開、1941年には太平洋戦争が勃発するなど、日本は泥沼の戦争へと突入していった。

【MEMO】

CHINA
江苏省

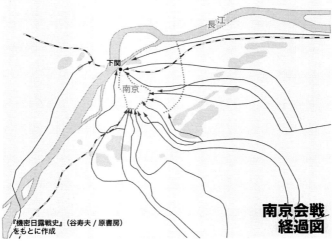

CHINA
江蘇省

南京雲錦博物館 南京云锦博物馆
nán jīng yún jǐn bó wù guǎn
ナンジンユンジンボオウウグゥアン [★☆☆]

南京では、元、明、清代の700年に渡って皇帝の身につける衣服がつくられてきた。この最上級の絹織物は、南京雲錦と呼ばれ、世界遺産にも指定されている。極彩色の牌楼からなかに入った中国南京雲錦博物館では、南京雲錦の紹介とともに、皇帝を象徴する龍や草花の刺繍などの展示が見られる。

▲左　皇帝に捧げられた織物の展示が見られる南京雲錦博物館。　▲右　南京大虐殺殉難同胞紀念館は広大な敷地をもつ

宝船遺址公園 宝船遗址公园 bǎo chuán yí zhǐ gōng yuán
バオチュゥアンイイチイゴンユゥエン　[★☆☆]

宝船遺址公園は明代、7度に渡った鄭和の西洋下り（インドから東アフリカへいたる航海）で使われた宝船のつくられた造船場跡。龍江関の造船所は、朱元璋が即位した1368年に整備され、江南各地から集められた船大工が造船、修理を行なった。宝船（西洋取宝船）の最大のものは長さ151.8m、幅が61.6mになったと言われ、この造船所跡から全長11.07mの巨大な梶棒が発見されたことから、その大きさは裏づけられた。1498年、インド航路を「発見」したヴァ

CHINA
江蘇省

スコ・ダ・ガマの船が4隻170人の乗組員だったのに対し、その半世紀前にインドを訪れた鄭和の艦隊は62隻2万7000人の乗組員にも達していた。南京から出航した船は蘇州劉家港をへて、福建省、広東省へと向かった。

渡江勝利記念館 渡江胜利纪念馆
dù jiāng shèng lì jì niàn guǎn
ドゥウジィアンシェンリイジイニィエングゥアン ［★☆☆］

1945年の終戦を受けて、中国では国共内戦が再開された（共産党の周恩来は、南京の梅園新村にとどまって国民党と交渉

Around Nanjing

市街西部城市案内

を続けたが決裂)。南京に首都をおく国民党と延安に拠点をおく共産党のあいだで戦いがはじまった。当初、国民党が優勢だったものの、淮海戦役で共産党は国民党軍を破り、南京、上海を目と鼻の先とする長江北岸にせまった。1949年、共産党軍は3か所から長江を渡って進軍、南京を攻略した。やがて杭州、上海が共産党軍の手に落ちると、蒋介石は台湾に渡った。長江にのぞむこの渡江勝利記念館のほか、近くの下関には渡江勝利記念碑、渡江勝利広場も位置する。

**Guide,
Pu Kou**
浦口
城市案内

長江をはさんで
南京市街の対岸にあたる浦口
20世紀末以来、急速な発展を見せる

浦口 浦口 pǔ kǒu プウコウ ［★☆☆］

南京市街と対峙するように長江北岸に位置する浦口。15世紀の明代に浦子口城が築かれ、当時はほとんど何もなかったが、1912年に天津とこの浦口を結ぶ津浦鉄道が開通して発展がはじまった（北京、天津から浦口へいたり、船で長江を渡って南京から上海へ鉄道は続いた）。浦口は1914年に開港して対岸の下関とともに南京港を構成し、1968年に長江大橋が完成すると南京市街と結ばれた。珍珠泉、四方当代美術館などが位置するほか、現在は開発区がおかれて急速に発展が進む南京の新たな顔となっている。

【地図】浦口の [★★☆]

- [ ] 南京大虐殺殉難同胞紀念館 侵华日军南京大屠杀遇难同胞纪念馆 チンフゥアリイジュンナンジンダアトゥウシャアユウナントンバオジイニィエングゥアン

【地図】浦口の [★☆☆]

- [ ] 浦口 浦口プウコウ
- [ ] 南京海峡両岸科技工業園 南京海峡两岸科技工业园 ナンジンハイシィアリィアンアンカアジイゴンユゥエユゥエン
- [ ] 南京高新技術産業開発区 南京高新技术产业开发区 ナンジンガオシンジイシュウチャンイェエカァイファアチュウ
- [ ] 建鄴区 建邺区 ジィアンイェチュウ
- [ ] 南京奥林匹克体育中心 南京奥林匹克体育中心 ナンジンアオリンピイカァテイユウチョォンシン

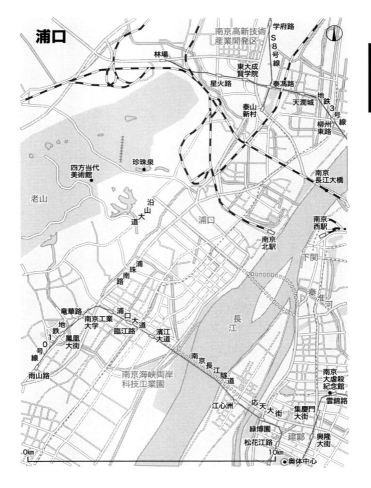

CHINA
江蘇省

南京海峡両岸科技工業園 南京海峡两岸科技工业园
nán jīng hǎi xiá liǎng àn kē jì gōng yè yuán
ナンジンハイシィアリィアンアンカアジイゴンユゥエユゥエン [★☆☆]

南京海峡両岸科技工業園は浦口、老山の麓に広がる開発区。科学技術、教育、快適な住環境も考慮された新市街で、江北明珠（江北新城）の愛称をもつ。工業区では新エネルギーや新材料、自動車部品、機械関係の企業が集まり、通信網などのインフラも整備されている。また複数の長江大橋と南京長江トンネルで南京市街と結ばれている。

▲左　急速に開発が進む長江対岸の浦口。　▲右　長江大橋やトンネルで南京市街と浦口は結ばれている

南京高新技術産業開発区 南京高新技术产业开发区
nán jīng gāo xīn jì shù chǎn yè kāi fā qū ナンジンガオシンジイシュウチャンイェエカァイファアチュウ［★☆☆］

長江北岸、浦口の北東郊外に位置する南京高新技術産業開発区（高新とはハイテクのこと）。20世紀末に開発区がおかれ、自動車、鉄鋼、電子機器をあつかう企業が集まっている。またこの南京高新技術産業開発区のさらに北東には南京化学工業園も位置する。

【MEMO】

Guide, Bei Jiao Qu
北郊外城市案内

南京市街北側の長江に面する地域は
龍潭港や新生圩港などがならぶ港湾地区
古く晋の王族や菩提達磨の渡河地点でもあった

南京経済技術開発区 南京经济技术开发区
nán jīng jīng jì jì shù kāi fā qū
ナンジンジンジイジイシュウカァイファアチュウ [★☆☆]

南京経済技術開発区は1992年、南京市街北に設置された開発区で、長江の水利を活かした港湾機能をもつことを最大の特徴とする。開発区の玄関にあたり、下関の下流に位置する新生圩港（南京新港）は中国最大の内陸河港で、周囲に豊かな後背地を抱える（大型船舶も停泊できる）。この南京経済技術開発区ではIT、物流、生物医薬の分野の企業が集まり、税制の優遇、規制緩和を受けた外資企業も見られる。

【地図】北郊外

【地図】北郊外の ［★☆☆］
- [ ] 南京経済技術開発区 南京经济技术开发区 ナンジンジンジイジイシュウカァイファアチュウ
- [ ] 燕子磯 燕子矶 ユゥエンズゥジイ
- [ ] 幕府山 幕府山 ムウフウシャン
- [ ] 象山 象山 シィアンシャアン
- [ ] 八卦洲 八卦洲 バアグゥアチョウ

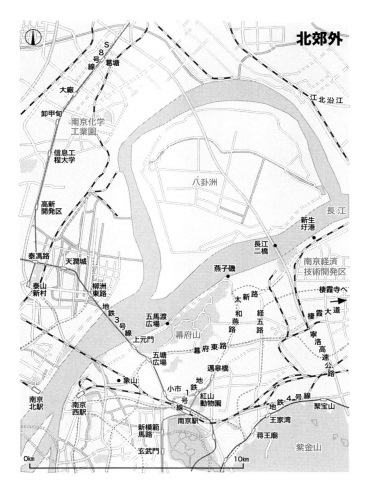

北郊外

Around Nanjing

北郊外城市案内

江蘇省

燕子磯 燕子矶 yàn zǐ jī ユゥエンズゥジイ ［★☆☆］

長江に向かって突き出し、燕が翼をひろげて飛び立とうとする姿から名づけられた燕子磯（山が河川にのぞんでいるところを磯という）。上部には碑亭が立ち、清の乾隆帝による「燕子磯」の石碑が残る。古くから渡河地点となってきた場所で、アヘン戦争時、イギリスはこの燕子磯から南京に上陸したという経緯もある。燕子磯から対岸にかけて、長江がつくり出した巨大な中洲の八卦洲が広がる。

北郊外城市案内 / Around Nanjing

明の外郭城

明代の南京は、紫禁城を中心に皇城、応天府城（南京旧城）、外郭城からなる四重構造をもっていた。外郭城の長さは60kmにおよび、幕府山、雨花台などを囲んでいた（南京旧城は33.7km）。この外郭城は、城門以外は土を盛った程度のもので、門跡の地名が残っている。外郭城北の観音門外に燕子磯、東の麒麟門外に初寧陵石刻、西の江東門に南京大虐殺殉難同胞紀念館が残る。

【MEMO】

CHINA
江蘇省

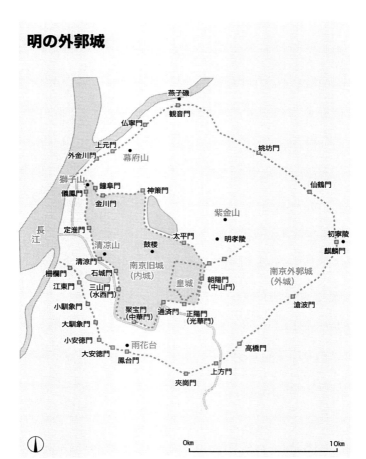

Around Nanjing | 北郊外城市案内

CHINA
江蘇省

幕府山 幕府山 mù fǔ shān ムウフウシャン ［★☆☆］

幕府山は、長江に沿うように5.5 km続くなだらかな丘陵。幕府山という名前は、東晋（317～420年）の樹立に貢献した王導の幕府がここにあったためと伝えられる。「王と馬と天下をともにす」と言われるように、皇帝に即位する司馬氏と王氏を中心に、東晋王朝が開かれた。幕府山あたりは異民族に占領された華北を避けるため、307年、晋の五王が渡河上陸した場所だという五馬渡広場が残るほか、梁の武帝との問答に失望した菩提達磨がここから華北へ渡河したという（また空海が、当時、この幕府山にあった清涼寺に滞在したとい

う伝説も残る)。あたりは長江をのぞむ風光明媚な風景区となっている。

象山 象山 xiàng shān シィアンシャアン ［★☆☆］
南京市街の北に位置する象山（人台山）は、六朝時代（3～6世紀）の名門貴族王氏の陵墓がおかれたところ。秦淮河ほとりの烏衣巷に暮らした六朝貴族は、象山や紫金山など南京郊外に陵墓を築いた。

CHINA
江蘇省

八卦洲 八卦洲 bā guà zhōu バアグゥアチョウ ［★☆☆］
八卦洲は長江の運ぶ莫大な土砂によって出現した巨大な沙洲。乾隆帝時代は旗人がこの沙洲に拠点を構え、民国時代（1912〜49年）から八卦洲の開発ははじまった。現在は南の南京市街と長江北岸を結ぶ長江第二大橋が八卦洲を縦断するように架けられている。

Guide, Dong Jiao Qu
東郊外城市案内

CHINA
江蘇省

南京を代表する古刹の棲霞寺
また甘家巷、麒麟門といった南京東郊外には
南朝の皇帝陵墓群が残る

棲霞寺 栖霞寺 qī xiá sì チイシィアスー ［★★☆］

南京市街の北東22kmに位置し、玉泉寺（湖北省）、国清寺（浙江省）、霊厳寺（山東省）とならんで「四大叢林」を構成する棲霞寺。南斉の489年、明僧紹に開かれた古刹で、破壊と再建を繰り返しながらも、毘盧宝殿を中心に法堂、経蔵閣といった純粋な七堂伽藍の様式を今に伝える。とくに南京が衰微した隋唐時代、市街から離れた棲霞山は仏教の中心地となり、唐代の三論宗の発祥地となった（龍樹の『中論』『十二門論』、提婆の『百論』を中心とした仏教宗派で、「空」や「中道」を説く）。601年、隋の文帝が全国につくらせた仏塔を

全身とする八角五層の舎利塔（高さ15m）、無量寿仏と観音、勢至両菩薩をまつる大仏閣、無量殿、千仏巌などが残る。

棲霞山の自然

棲霞寺の伽藍が展開する棲霞山は、「金陵第一明秀の山」と言われ、秋には美しい紅葉を見せる。龍山（東峰）、虎山（西峰）、鳳翔峰（中峰）と3つの峰をもち、最高峰の鳳翔峰は高さ286mとなっている。これらの峰々と緑が織りなすなか、白乳泉、品外泉、珍珠泉といった泉が点在する。この棲霞山は古く漢方に使われる薬草が自生する山と知られ、日本渡来

【地図】東郊外

【地図】東郊外の［★★☆］
- ☐ 棲霞寺 栖霞寺チイシィアスー

【地図】東郊外の［★☆☆］
- ☐ 甘家巷 甘家巷ガンジィアシィアン
- ☐ 永寧陵石刻 永宁陵石刻ヨォンニンリンシイカア
- ☐ 初寧陵石刻 初宁陵石刻チュウニンリンシイカア
- ☐ 湯山 汤山タァンシャン
- ☐ 南京明文化村 南京明文化村 ナンジンミンウェンフゥアチュン
- ☐ 南京古猿人洞 南京古猿人洞 ナンジングウユゥエンレンドォン

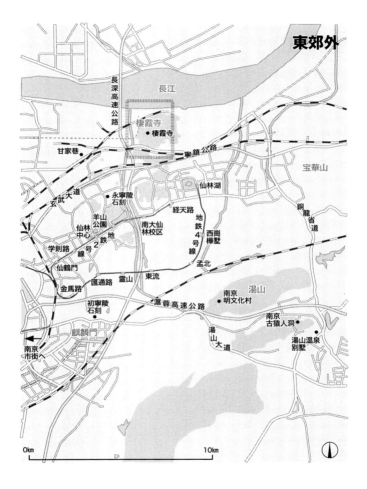

【地図】棲霞寺

【地図】棲霞寺の [★★☆]
- [ ] 棲霞寺 栖霞寺 チイシィアスー

【地図】棲霞寺の [★☆☆]
- [ ] 千仏巌 千佛岩 チィエンフウイェン

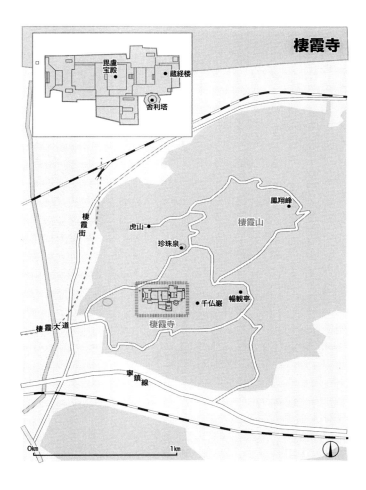

CHINA
江蘇省

前の鑑真が修行に訪れたとも伝えられる。

千仏巌 千佛岩 qiān fú yán チィエンフウイェン ［★☆☆］
千仏巌は、中国が南北に分裂した時代（南朝は 420 〜 589 年）、仏教の栄えた「南朝の都」南京郊外で彫られた仏教石窟。北魏の山東制圧を受けた仏教僧たちがこの地へ逃れ、484 年、岩肌を利用して仏龕を彫り、そこに石仏を安置していった。斉から続く梁代へと千仏巌の造営は続き、700 体の仏像が現存する。また、ある彫刻師が「1000 体の石仏」を彫るよう命じられたが、急に皇帝が訪れることになったためあと 1 体

▲左　湖に浮かぶ亭。　▲右　棲霞寺の牌楼、ここから奥に伽藍が続く

を残して間にあわなかった。そこで自ら1000体目の石仏となってその場を乗り切り、翌日、自分そっくりの石仏を彫ったという逸話も伝えられる。雲崗石窟や龍門石窟を残す北朝に対して、南朝の仏教遺跡はほとんど残っていないことから、貴重な石窟とされ、「江南の雲崗」にもたとえられる。

甘家巷 甘家巷 gān jiā xiàng ガンジィアシィアン ［★☆☆］
南朝でもっとも繁栄した世をつくった梁（502〜557年）諸王の陵墓が集中して残る甘家巷。安成康王蕭秀、鄱陽忠烈王蕭恢、始興忠武王蕭憺、南平王蕭偉、呉平忠候蕭景らの墓が

CHINA
江蘇省

続き、また甘家巷に隣接する張家庫には桂陽簡王蕭融の墓も残る。梁は武帝こと蕭衍が樹立した王朝で、甘家巷一帯は蕭家の宗族墓域とも呼びうる。これらの陵墓を守る一対の石獣(麒麟、辟邪)が見られ、無角獣は王侯の陵墓、有角獣は皇帝の陵墓といった区別があるという(甘家巷には王侯墓の無角獣が立つ)。

南朝陵墓

中国が南北に分裂した時代、南朝の首都は南京(420〜589年)におかれ、宋、斉、梁、陳の皇帝陵墓、王墓は南京郊外に分

Around Nanjing

東郊外城市案内

布する（この南朝に、倭の五王は幾度も使節を送っている）。風水にあわせて山麓や山の中腹に陵墓が築かれ、200基を超す皇帝、諸王、諸侯の墓が確認されている。南朝に先立つ三国呉や東晋の皇帝陵墓は、より南京市街に近い紫金山、鶏籠山、幕府山などにあったが、南朝の都の拡大や宗族ゆかりの地にあわせて郊外におかれるようになった。549年に起こった侯景の乱で南京は壊滅状態になったことから、皇帝と陵墓の比定で不明な点もあり、わずかに残る石獣が南朝の栄華を伝えている。

【MEMO】

CHINA
江蘇省

南朝陵墓を守護する石獣

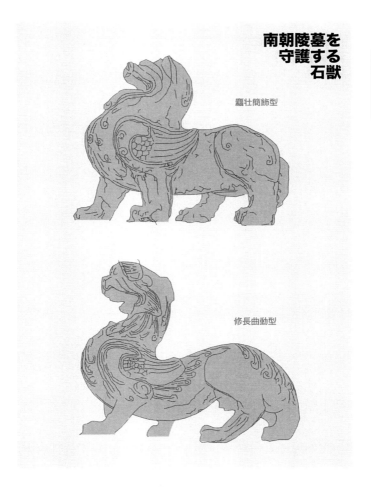

豪壮簡飾型

修長曲動型

Around Nanjing 東郊外城市案内

江蘇省

永寧陵石刻 永宁陵石刻
yǒng níng líng shí kè ヨォンニンリンシイカア [★☆☆]
甘家巷南東の獅子衝に残る永寧陵石刻。宋、斉、梁に続く南朝陳の文帝（522～566年）の陵墓を守護した一対の石獣が見られる。

初寧陵石刻 初宁陵石刻
chū níng líng shí kè チュウニンリンシイカア [★☆☆]
南京東郊外の麒麟鎮に残る宋の武帝劉裕の初寧陵石刻（南京旧城中山門から東10kmの地で、かつて明外郭城の麒麟門

▲左　のんびりとした風景が見られる南京郊外。　▲右　バスが市街と郊外を結ぶ

があった)。この武帝劉裕は異民族に占領された長安を一時、奪回するなど武勇で知られ、420年、東晋恭帝から禅譲を受け、南朝宋を開いた。死後、初寧陵に葬られ、陵墓を守る一対の石獣が残っている。石獣は石灰岩を丸彫にしたもので、1956年に修復され、現在の台座におかれた。

湯山 汤山 tāng shān タァンシャン ［★☆☆］

南京市街から東に25kmに位置し、古くから保養地となってきた湯山。大小数か所の温泉がわき、関節炎や神経痛への効果があるという。蒋介石（1887～1975年）とその妻宋美齢

の別荘「湯山温泉別墅」が残るほか、観光地としての開発も進んでいる。

南京明文化村 南京明文化村 nán jīng míng wén huà cūn
ナンジンミンウェンフゥアチュン [★☆☆]

明（1368〜1644年）初期の都がおかれた南京をテーマにした南京明文化村。明の職人の様子、酒楼がならぶ様子が再現されている。また第3代永楽帝が孝陵に安置しようとした、高さ62.8m、重さ1000トンのかつてない規模の石碑「陽山碑材」も見られる。あまりの巨大さに湯山から南京まで運ぶ

ことができず、そのまま残っている(第3代永楽帝は第2代建文帝から皇帝位を奪ったことから、初代皇帝をたたえることで自らを正当化しようとしたという)。結局、明孝陵には別の石を使った大明孝陵神功聖徳碑が建つことになった。

南京古猿人洞 南京古猿人洞 nán jīng gǔ yuán rén dòng
ナンジングウユュエンレンドォン [★☆☆]

南京古猿人洞は、10万年ほど前の更新世に生きた原人の頭蓋骨が発掘された鍾乳洞。長さ16cm、幅13cmほどの頭蓋骨は北京原人(50万〜20万年前)と類似性があると言われ、

CHINA
江蘇省

古くからこの地で人類が生息していたことが確認された。人類は猿人、原人、旧人、新人と進化を続け、中国では原人を「猿人」と表記する（現生人類は新人を祖先とし、原人とは別の人類）。

Guide, Nan Jiao Qu
南郊外城市案内

急速に開発が進む江寧開発区
偶然「発見」された南唐陵墓
牛首山や将軍山では美しい風景が見られる

牛首山 牛首山 niú shǒu shān ニュウショウシャン [★☆☆]
南京市街の南郊外にそびえ、「牛の首」に似ていることからその名がついた牛首山（牛頭山）。古く、三国呉の孫権が道観を建て、またこの山の地形を利用して仏教石窟が彫られるなど、仏教と道教双方の聖地だった（牛頭禅と言われる宗派もあった）。317年、南京で東晋が樹立されたとき、東晋の王導は南郊外で対峙するふたつの峰（牛首山）をさして、これを天闕だと言ったとも伝えられる（王朝の都には南正面に正式な門が必要とされ、天闕は宮城の南門）。また1130年、南京を占領した金軍に対し、宋の岳飛がこの地に要塞を築い

【地図】南郊外

【地図】南郊外の［★★☆］
- [ ] 南唐二陵 南唐二陵ナンタンアアリン
- [ ] 欽陵 钦陵チィンリン
- [ ] 順陵 顺陵シュンリン
- [ ] 雨花台 雨花台ユウフゥアタイ

【地図】南郊外の［★☆☆］
- [ ] 牛首山 牛首山ニュウショウシャン
- [ ] 宏覚寺塔 弘觉寺塔ホォンジュエスータア
- [ ] 鄭和墓 郑和墓チェンハアムウ
- [ ] 将軍山 将军山ジィアンジュンシャン
- [ ] 南京江寧開発区 南京江宁开发区
  ナンジンジィアンニンカァイファアチュウ
- [ ] 秣陵関 秣陵关モォリングゥアン
- [ ] 花神廟 花神庙フゥアシェンミャオ
- [ ] 淳泥国王墓 淳泥国王墓ボオニイグゥオワァンムウ
- [ ] 建鄴区 建邺区ジィアンイェチュウ

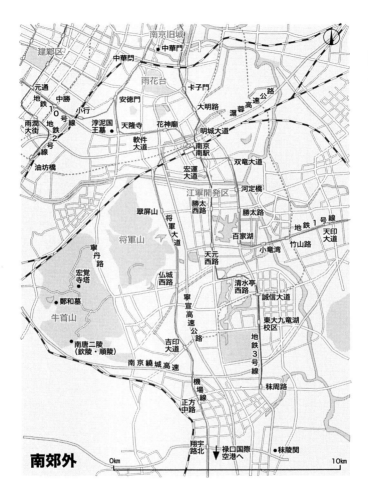

南郊外城市案内

CHINA
江蘇省

て南京を奪回するなど軍事上の要衝にもなってきた。現在、高さ440mほどの牛首山を中心に、一帯は松や竹がしげる風景区となっている。

南唐二陵 南唐二陵
nán táng èr líng ナンタンアアリン [★★☆]
牛首山近くの粗堂山の麓、斜面を利用して横穴状に掘られたふたつの陵墓が隣接する南唐二陵。唐滅亡後の五代十国にあって、南唐（937～975年）は「唐の後継者」を自認し、南京に都をおいて文化を花開かせた（南唐の領土は、江蘇省、

▲左　粗堂山の美しい自然に溶けこむ南唐二陵。　▲右　南唐第2代李璟の眠る順陵、欽陵に隣接する

安徽省、江西省から福建省の一部へおよんだ)。この南唐は3代、39年続き、3代目の李後主は北方へ連れて行かれたため、初代李昇と第2代李璟の墓が残る。南唐陵墓の所在は、長いあいだわかっていなかったが、南京の商人に骨董を売りに来た人を通じてその場所がつきとめられ、1950〜51年、太子墳と呼ばれていたこの地域で発掘された。

CHINA
江蘇省

欽陵 钦陵 qīn líng チィンリン ［★★☆］

南唐初代李昇（888〜943年）が眠る地下宮殿の様式をもつ欽陵。奥行き21.8m、幅10.45mで、前中後の3つの部屋と左右の側室からなり、壁面には顔料が残る（高さ12m）。李昇は孤児で、戦乱のなか唐の節度使から呉王となった楊行密の養子となった。揚州の楊行密がなくなると、南京にいた李昇は独立して937年、皇帝に即位した（唐の正当性を受け継ぐ意図から李姓を名乗った）。

南郊外城市案内

順陵 順陵 shùn líng シュンリン ［★★☆］

第2代李璟（916～961年）と鐘皇后の合葬陵の順陵。欽陵に隣接する奥行き21.90m、幅10.12mの横穴式陵墓で、円形の墳丘をもつ。北方の宋の力が増すなか、李璟は皇帝を名乗るのをやめ、南京から南昌へ都を移し、961年になくなった。この李璟の死後、南唐の力は弱まり、3代目の李後主のとき王朝の命運はつきた。

【MEMO】

CHINA
江蘇省

南唐二陵
欽陵

断面図

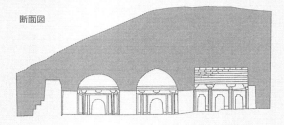

平面図

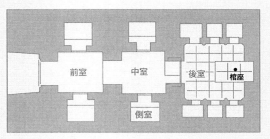

前室　中室　後室　棺座　側室

0m　5m

CHINA
江蘇省

南唐で華やいだ文化

淮南塩の産地を抱え、豊かな国力を誇った南唐の宮廷では、その後の中国文化に影響をあたえるものが次々と生み出された。「李延珪墨」「澄心堂紙」といった南唐宮廷御用の文房四宝（紙、墨、筆、硯）をつくらせ、文具は芸術の域にまで達した。南京秦淮河近くにあった南唐の宮廷では、金や玉が集められたことから、夜でも灯火を使わずに大宝珠だけで明るかったと伝えられる。また性的な魅力を増したという纏足も、南唐の宮廷で生まれ、黄金の蓮花台で舞姫窅娘の足をしばって踊らせたことがはじまりだという。

▲左　南唐二陵は地下宮殿の構造をもつ。　▲右　牛首山山麓に伽藍が展開する宏覚寺

宏覚寺塔 弘觉寺塔 hóng jué sì tǎ ホォンジュエスータア [★☆☆]

牛首山に立つ高さ25m、八角七層の宏覚寺塔。唐代の774年に建立されたと伝えられ、その後、明代に再建されたのち、幾度か破壊と修復が続いて現在の姿となった。

鄭和墓 郑和墓 zhèng hé mù チェンハアムウ [★☆☆]

明代、北京に準ずる都だった南京を拠点に南海遠征に繰り出した鄭和（1371〜1434年ごろ）。南インドから東アフリカへいたる7度の航海を行ない、カリカットで没し、牛首山に葬られた。この鄭和墓はその説話をもとに整備されたもの。

CHINA
江蘇省

将軍山 将军山
jiāng jūn shān ジィアンジュンシャン [★☆☆]

南京南郊外、牛首山の北東側に位置する将軍山。このあたりは仏僧が庵を結んだところで、観音像や弥勒仏の石像、石崖に刻まれた石刻が残る(また1130年、岳飛が金軍と戦った古戦場でもあった)。あたりは自然の地形を利用した風景区として整備されている。

南京江寧開発区 南京江宁开发区
nán jīng jiāng níng kāi fā qū
ナンジンジィアンニンカァイファアチュウ ［★☆☆］

1992年に設置され、自動車、電子部品、ITなどのハイテク企業が集まる南京江寧開発区。市街から7kmの距離、上海との高速鉄道と結ばれた南京南駅、南郊外の南京禄口国際空港といった地の利をもつ。電力や通信網のインフラが整備されているほか、周囲は緑に囲まれた環境となっている。

Guide,
Nan Jing Jiao Qu
南京郊外
城市案内

南京が形成される以前、人々は
秦淮河のほとりの南郊外に多く暮らしていた
南京の空の玄関口、南京禄口国際空港も位置する

万安陵 万安陵 wàn ān líng ワァンアンリン ［★☆☆］
南京市街南東の上方鎮に位置する万安陵。南朝最後の陳（557 ～ 589 年）を樹立した武帝陳覇先の陵墓で、石刻が立つ。万安陵の位置する大連山南西麓一帯は谷になっていて、梁の蕭正立墓（南朝陵墓群）も残っている。

大勝関 大胜关 dà shèng guān ダアシェングァン ［★☆☆］
大勝関は長江に面する古南京港がおかれていた場所で、明清時代、下流の下関に対して上関と呼ばれていた。とくに明代以降、「湖広熟すれば天下足る」と言われるようになり、安

【地図】南京郊外

【地図】南京郊外の ［★★☆］
- [ ] 棲霞寺 栖霞寺チイシィアスー

【地図】南京郊外の ［★☆☆］
- [ ] 万安陵 万安陵ワァンアンリン
- [ ] 大勝関 大胜关ダアシェングゥアン
- [ ] 秣陵関 秣陵关モォリングゥアン
- [ ] 南京禄口国際空港 南京禄口国际机场 ナンジンルウコウグゥオジイジイチャアン
- [ ] 湖熟鎮 湖熟镇フウシュウヂェエン
- [ ] 横山 横山ヘァンシャン
- [ ] 浦口 浦口プウコウ
- [ ] 湯山 汤山タァンシャン

南京郊外

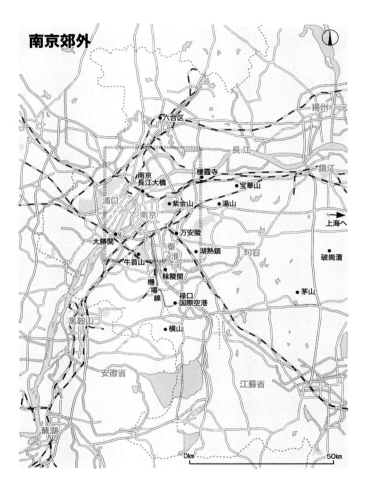

CHINA
江蘇省

徽省や湖南省からの米を運ぶ糧船は、この大勝関から南京市街へと入った。大勝関と長江北岸を結ぶ長江第三大橋が架けられている。

秣陵関 秣陵关 mò líng guān モォリングゥアン ［★☆☆］
南京市街から南20kmに位置する秣陵関は、秦の始皇帝時代に南京（秣陵）があったところ。「500年後、南京から王者が生まれる」と耳にした始皇帝は、濠（秦淮河）を掘削して地脈を断ち、そのうえ金陵と呼ばれていた南京を秣陵（金からまぐさへ変えた）と改名させた。この秣陵関あたりは、続

く漢代、武帝の皇子である劉纏が封じられるなど、行政の中心となっていた。三国呉の孫権が現在の南京（石頭城、玄武湖南）に街をつくると、街の中心はそちらに遷った。

破崗瀆 破岗渎 pò gǎng dú ポオガァンドゥウ ［★☆☆］
破崗瀆は三国呉の孫権が整備した運河で、南京と蘇州、呉興、会稽を結ぶ大動脈だった（孫権の勢力は、杭州から蘇州、鎮江、南京、武昌と西に開墾を進め、南京に都をおいた）。245年に開削されたこの破崗瀆を使って、物資や人が運搬され、のちに隋代の江南河のもととなった。

CHINA
江蘇省

南京禄口国際空港 南京禄口国际机场
nán jīng lù kǒu guó jì jī chǎng
ナンジンルウコウグゥオジイジイチャアン ［★☆☆］

南京市街から南36kmに位置し、空の玄関口となっている南京禄口国際空港。1997年に開港した空港で、中国の各都市と結ばれているほか、国際便も往来する。

湖熟鎮 湖熟镇 hú shú zhèn フウシュウヂェエン ［★☆☆］
秦淮河中流、上流域は南京市街よりも早くに人類が居住したところで、湖熟鎮には5000年前の新石器時代の遺構が残る。

この湖熟鎮を中心に、殷周文化の影響を受け、銅器も使われた湖熟文化が南京一帯で栄えた。稲作と漁撈という人々の営みは、のちの呉越の文化へつながっていった。

横山 横山 héng shān ヘァンシャン ［★☆☆］

南京の南郊外、安徽省と江蘇省の省境にあたりひっそりとたたずむ横山。ここは春秋時代の紀元前570年、楚と呉が戦った古戦場で、楚は郢（湖北省江陵）を都において東の呉と対峙した（呉は越に敗れ、やがて越も楚に敗れた。南京には呉の冶城が朝天宮に、楚の金陵が石頭城にあった）。

咲き誇った南朝文化

華北が異民族に占領された4世紀の中国
漢族は南遷して南京で王朝を樹立
589年、隋による統一まで南北の分裂が続いた

南朝の首都

南遷した漢族は、317年、三国呉の都がおかれていた南京で東晋を樹立し、以後の宋・斉・梁・陳の南朝（420～589年）はいずれも南京を都とした。南朝では宋8人、斉7人、梁4人、陳5人と170年のなかで24人の天子が次々に即位したが、特筆されるのは梁の武帝（在位502～554年）で、当時の南京は人口140万人を抱える世界最大規模の都市となっていた。この南朝の都の繁栄を、のちに杜牧が「南朝四百八十寺、多少の楼台烟雨の中」（『江南春』）と詠っている。

江蘇省

長江を渡った人々

中国最大の大河長江は長らく交通の障壁となり、南京は古くから長江の渡河地点でもあった。紀元前210年、東巡の際に南京を訪れた秦の始皇帝は、棲霞山あたりで長江を渡って都（西安）へ帰ったという。一方で、華北が異民族の支配を受け、混乱をさけた晋の五王（琅邪王、西陽王、汝南王、南頓王、彭城王）は、307年、幕府山あたりで渡河し、その地点は五馬渡と呼ばれている（漢族の移住が進み、中原の文化が南京に伝わった）。また南朝梁の武帝と面談し、失望した禅の菩提達磨も幕府山あたりで長江を北岸に渡ったという。

▲左 「南朝四百八十寺」と詠われた仏教の伝統をもつ南京。　▲右　南京の開発区では、次々に高層建築が立つ

仏教の浸透

三国呉の247年、江南ではじめての仏教寺院となる建初寺が南京に建てられた。以来、東晋、南朝（宋・斉・梁・陳）を通じて南京の仏教文化は栄えることになった。この時代の南京には2846の仏教寺院、8万2700人の僧尼の数をほこったと言われ、紫金山、雨花台、牛首山などの丘陵地帯に仏教の拠点がおかれていた。また南海を通じて多くのインド人仏教僧が南京に訪れ、経典の漢訳が進められた。坐って手で食事をとるインドの食事方法に、中国人知識人層は閉口したと伝えられる（箸を使う中国と、手で直接、食事をとるインドには文化の違いがあった）。

参考文献

───────────────────────────────

『中国の歴史散歩 3』(山口修・鈴木啓造 / 山川出版社)

『南京物語』(石川忠久 / 集英社)

『隋唐の仏教』(鎌田茂雄 / 東京大学出版会)

『纏足』(岡本隆三 / 弘文堂)

『園林都市』(大室幹雄 / 三省堂)

『世界美術大全集 東洋編3』(曽布川寛・岡田健 / 小学館)

『中国美術の図像と様式』(曽布川寛 / 中央公論美術出版)

『南京事件』(笠原十九司 / 岩波書店)

『南京事件』(秦郁彦 / 中央公論社)

日本国外務省ホームページ http://www.mofa.go.jp/

『世界大百科事典』(平凡社)

[PDF]南京地下鉄路線図 http://machigotopub.com/pdf/nanjingmetro.pdf

まちごとパブリッシングの旅行ガイド
Machigoto INDIA , Machigoto ASIA , Machigoto CHINA

【北インド - まちごとインド】

001 はじめての北インド
002 はじめてのデリー
003 オールド・デリー
004 ニュー・デリー
005 南デリー
012 アーグラ
013 ファテープル・シークリー
014 バラナシ
015 サールナート
022 カージュラホ
032 アムリトサル

【西インド - まちごとインド】

001 はじめてのラジャスタン
002 ジャイプル
003 ジョードプル
004 ジャイサルメール
005 ウダイプル
006 アジメール（プシュカル）
007 ビカネール
008 シェカワティ
011 はじめてのマハラシュトラ
012 ムンバイ
013 プネー
014 アウランガバード
015 エローラ
016 アジャンタ
021 はじめてのグジャラート
022 アーメダバード
023 ヴァドダラー（チャンパネール）
024 ブジ（カッチ地方）

【東インド - まちごとインド】

002 コルカタ
012 ブッダガヤ

【南インド - まちごとインド】

001 はじめてのタミルナードゥ
002 チェンナイ
003 カーンチプラム
004 マハーバリプラム
005 タンジャヴール
006 クンバコナムとカーヴェリー・デルタ
007 ティルチラパッリ
008 マドゥライ
009 ラーメシュワラム
010 カニャークマリ
021 はじめてのケーララ
022 ティルヴァナンタプラム
023 バックウォーター（コッラム～アラップーザ）
024 コーチ（コーチン）
025 トリシュール

【ネパール - まちごとアジア】

001 はじめてのカトマンズ
002 カトマンズ
003 スワヤンブナート

004 パタン
005 バクタプル
006 ポカラ
007 ルンビニ
008 チトワン国立公園

【バングラデシュ - まちごとアジア】

001 はじめてのバングラデシュ
002 ダッカ
003 バゲルハット（クルナ）
004 シュンドルボン
005 プティア
006 モハスタン（ボグラ）
007 パハルプール

【パキスタン - まちごとアジア】

002 フンザ
003 ギルギット（KKH）
004 ラホール
005 ハラッパ
006 ムルタン

【イラン - まちごとアジア】

001 はじめてのイラン
002 テヘラン
003 イスファハン
004 シーラーズ
005 ペルセポリス
006 パサルガダエ（ナグシェ・ロスタム）
007 ヤズド
008 チョガ・ザンビル（アフヴァーズ）
009 タブリーズ

010 アルダビール

【北京 - まちごとチャイナ】

001 はじめての北京
002 故宮（天安門広場）
003 胡同と旧皇城
004 天壇と旧崇文区
005 瑠璃廠と旧宣武区
006 王府井と市街東部
007 北京動物園と市街西部
008 頤和園と西山
009 盧溝橋と周口店
010 万里の長城と明十三陵

【天津 - まちごとチャイナ】

001 はじめての天津
002 天津市街
003 浜海新区と市街南部
004 薊県と清東陵

【上海 - まちごとチャイナ】

001 はじめての上海
002 浦東新区
003 外灘と南京東路
004 淮海路と市街西部
005 虹口と市街北部
006 上海郊外（龍華・七宝・松江・嘉定）
007 水郷地帯（朱家角・周荘・同里・甪直）

【河北省 - まちごとチャイナ】

001 はじめての河北省
002 石家荘
003 秦皇島
004 承徳
005 張家口
006 保定
007 邯鄲

【山東省 - まちごとチャイナ】

001 はじめての山東省
002 青島
003 煙台
004 臨淄
005 済南
006 泰山
007 曲阜

【江蘇省 - まちごとチャイナ】

001 はじめての江蘇省
002 はじめての蘇州
003 蘇州旧城
004 蘇州郊外と開発区
005 無錫
006 揚州
007 鎮江
008 はじめての南京
009 南京旧城
010 南京紫金山と下関
011 雨花台と南京郊外・開発区
012 徐州

【浙江省 - まちごとチャイナ】

001 はじめての浙江省
002 はじめての杭州
003 西湖と山林杭州
004 杭州旧城と開発区
005 紹興
006 はじめての寧波
007 寧波旧城
008 寧波郊外と開発区
009 普陀山
010 天台山
011 温州

【福建省 - まちごとチャイナ】

001 はじめての福建省
002 はじめての福州
003 福州旧城
004 福州郊外と開発区
005 武夷山
006 泉州
007 厦門
008 客家土楼

【広東省 - まちごとチャイナ】

001 はじめての広東省
002 はじめての広州
003 広州古城
004 天河と広州郊外
005 深圳(深セン)
006 東莞
007 開平(江門)
008 韶関
009 はじめての潮汕

010 潮州
011 汕頭

【遼寧省 - まちごとチャイナ】

001 はじめての遼寧省
002 はじめての大連
003 大連市街
004 旅順
005 金州新区
006 はじめての瀋陽
007 瀋陽故宮と旧市街
008 瀋陽駅と市街地
009 北陵と瀋陽郊外
010 撫順

【重慶 - まちごとチャイナ】

001 はじめての重慶
002 重慶市街
003 三峡下り（重慶〜宜昌）
004 大足

【香港 - まちごとチャイナ】

001 はじめての香港
002 中環と香港島北岸
003 上環と香港島南岸
004 尖沙咀と九龍市街
005 九龍城と九龍郊外
006 新界
007 ランタオ島と島嶼部

【マカオ - まちごとチャイナ】

001 はじめてのマカオ
002 セナド広場とマカオ中心部
003 媽閣廟とマカオ半島南部
004 東望洋山とマカオ半島北部
005 新口岸とタイパ・コロアン

【Juo-Mujin（電子書籍のみ）】

Juo-Mujin 香港縦横無尽
Juo-Mujin 北京縦横無尽
Juo-Mujin 上海縦横無尽
見せよう！デリーでヒンディー語
見せよう！タージマハルでヒンディー語
見せよう！砂漠のラジャスタンでヒンディー語

【自力旅游中国 Tabisuru CHINA】

001 バスに揺られて「自力で長城」
002 バスに揺られて「自力で石家荘」
003 バスに揺られて「自力で承徳」
004 船に揺られて「自力で普陀山」
005 バスに揺られて「自力で天台山」
006 バスに揺られて「自力で秦皇島」
007 バスに揺られて「自力で張家口」
008 バスに揺られて「自力で邯鄲」
009 バスに揺られて「自力で保定」
010 バスに揺られて「自力で清東陵」
011 バスに揺られて「自力で潮州」
012 バスに揺られて「自力で汕頭」
013 バスに揺られて「自力で温州」

【車輪はつばさ】
南インドのアイラヴァテシュワラ寺院には建築本体に車輪がついていて寺院に乗った神さまが人びとの想いを運ぶと言います。

・本書はオンデマンド印刷で作成されています。
・本書の内容に関するご意見、お問い合わせは、発行元の
　まちごとパブリッシング info@machigotopub.com までお願いします。

まちごとチャイナ
江蘇省011雨花台と南京郊外・開発区
〜長江ほとり広がる「田園都市」［モノクロノートブック版］

2017年11月14日　発行

著　者	「アジア城市（まち）案内」制作委員会
発行者	赤松　耕次
発行所	まちごとパブリッシング株式会社 〒181-0013　東京都三鷹市下連雀4-4-36 URL http://www.machigotopub.com/
発売元	株式会社デジタルパブリッシングサービス 〒162-0812　東京都新宿区西五軒町11-13 清水ビル3F
印刷・製本	株式会社デジタルパブリッシングサービス URL http://www.d-pub.co.jp/

MP133

ISBN978-4-86143-267-5 C0326　　　　Printed in Japan
本書の無断複製複写（コピー）は、著作権法上での例外を除き、禁じられています。